AF152153

Pimp Your Soft Skills

Ratgeber über Schlüsselkompetenzen für Berufseinsteiger

Erfolg = Soft Skills + Fachwissen

Hans-Peter Albrecht
Key-Competence-Coach

Hans-Peter Albrecht. Jg. 1959

Als Partner von

gibt er seit 1996 seine praxiserprobten Berufserfahrungen als Referent und Management-Trainer weiter. Information und Kontakt unter

albrecht@premiumseminare.de

www.premiumseminare.de

Bibliografische Information der Deutschen Nati-
onalbibliothek: Die Deutsche National-biblio-
thek verzeichnet diese Publikation in der Deutschen Nationalbibliografie; detaillierte bibliografische Daten sind im Internet über
www.dnb.de abrufbar.

„Herstellung und Verlag:
BoD – Books on Demand, Norderstedt"

ISBN 9 783 735 780 102

" Kompetenz fördert ihre Karriere, nicht nur Fachwissen! Hans-Peter Albrecht

Pimp Your Soft Skills

Ratgeber über Schlüsselkompetenzen für Berufseinsteiger

Erfolg = Soft Skills + Fachwissen

Vorwort

Wichtige Erfolgsfaktoren sind die Kompetenzen die in diesem Buch behandelt werden. Viele Menschen verfügen über ein hervorragendes Fachwissen und auch die notwendige Kreativität für Ihr Berufsleben. Erfolg und Karriere ist aber nur möglich, wenn dieses Wissen gegenüber Kollegen, Chefs, Kunden und Auftraggebern überzeugend präsentiert wird. Die Aspekte richtig und überzeugend darstellen, sich gegen eventuellen Widerstand zu behaupten und/oder sich im Team durchzusetzen Bedarf verschiedener Fähigkeiten.

Angeblich zählen nur harte Fakten, aber das weniger Greifbare, beeinflusst unsere Entscheidungen enorm.

Denken Sie an folgende Schlüssel-Kompetenzen: Kommunikationsfähigkeit, Verhandlungsgeschick, Überzeugungskraft, Auftritt, Umgangsformen, Konfliktbewältigung, Führungsqualität, um nur einige zu nennen.

Dieser Erfolgsfaktoren sollen Sie sich bewusst werden und einiges durch Training vertiefen, damit Ihre Karriere und Ihr Erfolg stets aufwärts gehen.

München, 2014   Hans-Peter Albrecht

Inhaltsverzeichnis

Einleitung

Einseitige Orientierung auf Fachwissen führt oft zur Vernachlässigung oder Unterbewertung von Faktoren, die jedoch sehr entscheidend über Erfolg und Karriere sind. Diese wenig greifbaren bzw. zwischenmenschlichen Themen sind im Überbegriff „Soft Skills" zusammengefasst.

Denken Sie zurück an Ihre Schulzeit. Warum konnte man bei einigen Lehrern leicht und mit viel Spaß den vermittelten Stoff lernen? Bei einem Lehrkraftwechsel wurde es dann schwer und zur Qual, dem Thema zu folgen? Das zu vermittelnde Wissen hatte sich nicht geändert, sondern die Art der Wissensvermittlung! Diese „Soft Skills", konkret die Kommunikationsfähigkeit, das Auftreten, die Überzeugungskraft, die Empathie und noch einige andere Kompetenzen sind das Geheimnis!

Im beruflichen Umfeld begegnen Ihnen genau die gleichen Kompetenzen. Nur mit Fachwissen werden Sie keinen Kollegen, Kunden, Auftraggeber oder Chef überzeugen. Wenn Sie sich nur auf Ihr Fachwissen verlassen, bringt Ihnen dies keine Beförderung, Aufträge oder Kunden. Hier ist der Unterschied zum schulischen Leben. Ihr Kunde oder Auftraggeber kann sich einen anderen Partner suchen oder Ihr Chef fördert die Karriere einer(s) Anderen - Sie konnten Ihre Lehrer nicht austauschen!

Die Schlüsselkompetenzen werden in diesem Buch behandelt. Die vielen Themen sollen Sie nicht erschrecken, sondern die Wichtigkeit unterstreichen. Erkennen von Notwendigkeiten und deren Umsetzung sind Erfolgsfaktoren!

Die zwei Säulen des Erfolges!

Die folgenden Kapitel sollen Sie dazu veranlassen eine Selbsteinschätzung vorzunehmen. Es ist wichtig und möglich die Themen mit einer Vertrauensperson zu besprechen und deren Meinung einzuholen. Dies möchte ich Ihnen sehr ans Herz legen, da Ihr Selbstbild mit dem Fremdbild meist Unterschiede aufzeigt. Einfache Erklärung: das Selbstbild bezeichnet die Vorstellung, die jemand von sich selbst hat; das Fremdbild ist die Bewertung, die Dritte von einem haben.

Damit Sie Ihre „Soft Skills" trainieren, sollten Sie die *Tipps* anwenden und angebotene Seminare besuchen. Nicht nur Ihr Fachwissen müssen Sie auf dem Laufenden halten, sondern auch Ihre Schlüsselkompetenzen! Als Beispiel ist ein Rhetorik-Seminar alle 2-3 Jahre zu empfehlen.

Übrigens: In jedem „Soft Skills" Seminar erhalten Sie durch einen qualifizierten Trainer wichtiges und neutrales Feedback für Ihre Karriere!

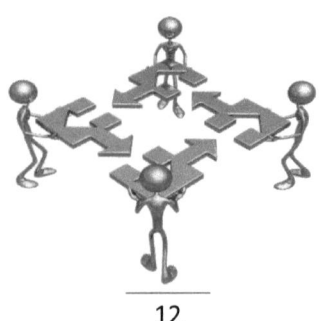

Soziale Kompetenz

Sozialkompetenz ist Ihre Bereitschaft und Fähigkeit mit anderen Menschen zu kooperieren. Dazu gehört der souveräne, faire, konstruktive und einfühlsame Umgang miteinander.

Dieser emotional intelligente Umgang mit Ihren Gefühlen und den Gefühlen der Anderen ist die Basis der sozialen Kompetenz.

In der Schule ist es ganz selbstverständlich im Team bzw. der Klasse ein positives Miteinander zu pflegen. Ab dem Einstieg ins Berufsleben wird dieses Teamdenken auf eine neue Ebene gestellt. Jetzt sind hierarchische Gegebenheiten zu beachten. Die einfache Unterscheidung in Schüler und Lehrer wird abgelöst durch (zum Beispiel) Azubi-Kollegen, Sachbearbeiter, Ausbilder, Abteilungsleiter, Bereichsleiter und Geschäftsführer.

Die Kommunikation in der Schule ist meist sehr dürftig, einseitig und für den Umgang mit Älteren

wenig geeignet. Die Sprache der älteren Generation ist anders.

Langjährige Mitarbeiter bevorzugen die Gesprächspartner, bei denen sie sich verstanden und respektvoll behandelt fühlen. Hier ist von Ihnen ein ehrlicher, höflicher und verlässlicher Auftritt gegenüber allen gefordert. Beachtenswert ist dabei, die nötige Distanz und die Hierarchie zu kennen und einzuhalten.

Als erstes sollten Sie sich die Namen aller im Unternehmen Beschäftigten merken. Nichts hört der Mensch lieber, wie seinen Namen. Da sich kaum jemand viele neue Personen und Namen sofort merken kann, empfehle ich eine Liste anzulegen. Fügen Sie den Namen auch Funktion und Merkmale der Personen hinzu, um zu personalisieren. Beispiele: Renate Müller, Buchhalterin, Finanzabteilung, Brille, blond, Kurzhaarschnitt; Erwin Schmidt, Fuhrparkleiter, Vertrieb, Schnauzbart, tiefe Stimme, sehr groß;. Diese Liste sollen Sie permanent pflegen und ergänzen! Renate Müller, verheiratet, 1 Sohn(14 Jahre); E. Schmidt, Fußballfan von ….

Selbst wenn diese Liste nach kurzer Zeit überflüssig wird, machen Sie sich die Erfassung Ihrer Kontakte zur Angewohnheit. (z.B.: externe Kontakte; Kunden; Auftraggeber) Damit haben Sie immer einen wichtigen Informationsvorsprung.

Mit diesem Informationsvorsprung werden Sie als höflich, charmant und sozial kompetent wahrgenommen!

Achtung: Wählen Sie die persönlichen Merkmale sorgfältig. Ihre Liste liegt mal herum und wird von Kollegen gelesen, darum niemals kränkende Merkmale verwenden! Beispiele: ungepflegt, schmuddelig, dick, stinkt, unmodern, etc.

Ein weiteres wichtiges Beispiel von sozialer Kompetenz ist, wenn Sie in der Lage sind konstruktives Feedback(Ihre Meinung/Einschätzung zu einem Thema) zu geben. Konstruktiv bedeutet sachlich und ohne die Gefühle des anderen zu verletzen.

Hört sich einfach an, ist aber das schwierigste Thema im täglichen Miteinander. Unter dem Punkt Kritikfähigkeit wird dieses Thema vertiefend behandelt.

Als ersten Ratschlag möchte ich Ihnen empfehlen, auf Feedback vorbereitet zu sein. Wenn Sie sich mit möglichen Fragen und Antworten bereits gedanklich befassen, sind Sie bestens vorbereitet.

Denken Sie positiv und übertreiben Sie Ihre Gedankenspiele nicht.

Ein Mann will ein Bild aufhängen. Den Nagel hat er, nicht aber den Hammer. Der Nachbar hat einen. Also beschließt unser Mann, hinüberzugehen und ihn auszuborgen. Doch da kommt ihm ein Zweifel: Was, wenn der Nachbar mir den Hammer nicht leihen will? Gestern schon grüßte er mich nur so flüchtig. Vielleicht war er in Eile. Vielleicht hat er die Eile nur vorgeschützt, und er hat was gegen mich. Und was? Ich habe ihm nichts getan; der bildet sich da etwas ein. Wenn jemand von mir ein Werkzeug borgen wollte, ich gäbe es ihm sofort. Und warum er nicht? Wie kann man einem Mitmenschen einen so einfachen Gefallen abschlagen? Leute wie dieser Kerl vergiften einem das Leben. Und dann bildet er sich noch ein, ich sei auf ihn angewiesen. Bloß weil er einen Hammer hat. Jetzt reicht's mir wirklich. - Und so stürmt er hinüber, läutet, der Nachbar öffnet, doch bevor er "Guten Tag" sagen kann, schreit ihn unser Mann an: "Behalten Sie Ihren Hammer".(aus P. Watzla-wick: Anleitung zum unglücklich sein.)

Tipp:

- o *Merken Sie sich die Namen.*
- o *Merken Sie sich die Funktion und Aufgaben all Ihrer Kontakte.*
- o *Denken Sie positiv!*
- o *Formulieren Sie gedanklich Feedback*
  - o *Wie ist die Aufgabe von der Hand gegangen?*
  - o *Könnte man etwas besser machen?*
  - o *Erklärt Herr/Frau x die Sache gut?*
- o *Notieren Sie möglichst viel!*

Umgangsformen sind Regeln für das gesellschaftliche Miteinander. Wer diese Regeln kennt und befolgt, wird anerkannt und bewegt sich sicher und selbstbewusst im Beruf und im privaten Umfeld.

Einige wichtige Regeln führe ich hier auf:

Rangfolgen:

Sicher kennen Sie die Regel in welcher Reihenfolge Personen begrüßt werden. Frauen vor den Männern und Ältere vor den Jüngeren. Im Arbeitsleben entscheidet die Hierarchie über die Reihenfolge. Also zuerst der Chef, dann der Abteilungsleiter, die Kollegen und zum Schluss die Auszubildenden. Es ist ganz egal, ob Frau oder Mann, diese Rangfolge ist entscheidend.

„Du" oder „Sie":

Die Zeiten in welchen die Lehrer und alle Älteren mit „Sie" angesprochen wurden sind lange vorbei. Trotzdem sollten Sie sensibel mit der vertraulichen Anrede „Du" umgehen. Im Berufsleben ist es von Firma zu Firma, ja sogar in verschiedenen Abteilungen sehr unterschiedlich. Seien Sie zurückhaltend und passen Sie sich an die jeweilige Gepflogenheit an. Eine Selbstvorstellung mit Vor- und Nachnamen lässt Ihnen immer alle Optionen.

Grundsätzlich spricht man fremde Personen immer mit Familiennamen und entsprechend Herr oder Frau an. Fräulein ist nicht mehr in Gebrauch. (außer die Dame besteht darauf!☺)

In Ihrer beruflichen Laufbahn bzw. Karriere könnten aus heutigen Kollegen Ihre Mitarbeiter von morgen werden. Wie gehen Sie damit um? Es ist (k)ein großes Problem ein Du zurückzunehmen, aber ein klärendes Gespräch ist sicher nötig. Natürlich gibt es immer die Möglichkeit im Beruf das „Sie" zu verwenden und im privaten Umfeld(z. B. Sportverein) ein „Du".

Grüßen:

Stehen Sie immer auf, wenn Ihnen jemand die Hand zur Begrüßung reicht. Keine Ausnahme!

Blicken Sie Ihrem gegenüber in die Augen und drücken Sie kurz und kräftig die Hand.

Die Hand reicht Ihnen immer der Ranghöhere!

Wenn Sie einem Ranghöherem begegnen, sprechen Sie der Tageszeit entsprechend(guten Morgen, guten Tag) eine Begrüßung aus. Die Hand reichen Sie nicht(s.o.).

Grüßen Sie immer und überall alle Ihnen bekannten Personen.

Wichtig:

Mit der Anstellung oder der Ausbildung sind Sie ein Mitglied und Repräsentant Ihres Arbeitgebers. Nicht nur im Büro, auf dem Firmengelände, bei Kunden oder im Ladenlokal, sondern auch bei Ihren privaten Unternehmungen! Überall können Ihnen Firmenzugehörige, Auftraggeber oder Kunden begegnen! Ein freundlicher Gruß ist immer wichtig!

Pünktlichkeit:

Eine Selbstverständlichkeit sollte die Pünktlichkeit sein. Vereinbarte oder vorgegebene Termine müssen immer eingehalten werden. Sie fallen positiv auf, wenn Sie bei Besprechungen, Schulungen, etc., kurz vor dem vereinbarten Zeitpunkt anwesend sind.

Kleidung:

Ihre Kleidung sollte immer den Gepflogenheiten Ihrer Firma entsprechen. Mit Kundenkontakt kann dies die Krawatte oder der Arbeits-Overall, im Büro die gepflegte Jeans oder das Kostüm sein. Zu empfehlen ist die konservative Variante.

Hemdknopf zu oder der Rock etwas länger wirkt besser! Sauber, gepflegt, geputzt und gebügelt sollte Ihre Kleidung immer sein. Auch Ihre Schuhe gehören dazu!

Tischmanieren:

Die richtige Handhabung einer Serviette und die Haltung von Messer und Gabel sind selbstverständlich. Sie wissen welche Gerichte mit welchem Besteck gegessen werden und wie man ein

Glas hält. Auch wo Besteck bei einer Essenspause ablegt wird.

Aktualisieren Sie Ihr Wissen, denn dieses gibt Selbstsicherheit.

Tischmanieren sind gegeben, wenn man geräuschlos und ästhetisch sein Essen zu sich nimmt.

Denken Sie daran, (ob in der Kantine oder bei der Mittagspause anderswo mit Kollegen) Sie stehen unter Beobachtung!

Tipp:

- o *Aktualisieren Sie Ihre Umgangsformen.*
- o *Berufliche und private Anwendung gibt Sicherheit. Beispiel Serviette: Diese verwenden Sie nur selbstverständlich, wenn Sie die Serviette zu jedem Essen benutzen.*
- o *Die Regeln sind sehr vielfältig und situativ. An dieser Stelle möchte ich entsprechende Fachbücher oder Seminare empfehlen.*

Empathie

Empathie oder besser Einfühlungsvermögen ist die Fähigkeit sich in die Gedanken, Gefühle und das Weltbild eines Anderen hineinzuversetzen.

Dies ist der entscheidende Punkt. Diese Aussagen, Emotionen und Werte werden nicht mit Ihren eigenen Vor- und Einstellungen verglichen.

Sie versuchen das Weltbild des Anderen aufgrund dieser Informationen zu verstehen. Mit diesem Verständnis ist nicht gemeint etwas gutzuheißen, sondern die Beweggründe zu verstehen.

Hier geht es um Unterstützung, Motivation und Bestätigung, aber auch um Trost und Anteilnahme an Sorgen. In der Praxis wird auch das Verständnis für Geltungssucht, Rechthaberei, Überheblichkeit und Profilierungsgehabe gefordert.

Empathie ist also die Kunst zuzuhören und aufgrund dieser Informationen, die anderen zu verstehen! Den einzigen Weg zu diesen Informationen bieten offene Fragen.

Was kennzeichnen diese?

Klassisch beginnen Sie mit den „W"-Fragewörtern. Sie lässt dem Befragten großen Freiraum bei der Antwort.

Beispiele:

- o <u>W</u>oran ... erfreust Du Dich?
- o <u>W</u>obei ... fühlst Du Dich wohl?
- o <u>W</u>omit ... kann ich Dir behilflich sein?
- o <u>W</u>essen ... Idee war es?
- o <u>W</u>as ... wollen Sie erreichen?
- o <u>W</u>ann ... können Sie loslegen?
- o <u>W</u>ozu/<u>W</u>ofür... sind Sie?
- o …

Wirkliches Zuhören erfordert ein bisschen Disziplin und das können wir üben. Probieren Sie doch einmal aus, einem Gegenüber aktiv zuzuhören.

<u>Übung für zwei Personen:</u>

- o *Setzen Sie sich gegenüber, so dass Sie miteinander Blickkontakt halten können. Dann stellen Sie sich einen Wecker auf 5 Minuten.*

- o Nun beginnt einer von Ihnen etwas zu sagen. Reden Sie über das Wetter, über Ihr Wochenende oder über das Haustier.
- o Die Aufgabe des anderen ist es nun, das Gesagte zu wiederholen. Dabei geht es nicht darum, jedes Wort zu wiederholen, sondern mit den eigenen Worten den Sinn so genau wie möglich zu beschreiben. Dabei beginnen Sie mit dem Satz: "Du sagst ..." oder "Du meinst ...".
- o Nach 5 Minuten wird getauscht.

Bei dieser kleinen Übung werden Sie merken, wie schwierig es sein kann, genau das zu wiederholen, was Sie gerade gehört haben. Je komplizierter und umfangreicher das Gesagte ist, desto schwieriger wird es.

Wenn wir spüren, dass unser Partner nicht richtig zuhört oder uns missversteht, können wir ziemlich wütend werden. Sehen Sie das Ganze als eine Übung und vermeiden Sie zu streiten.

Bitte beachten Sie, dass es beim aktiven Zuhören nicht darum geht, Recht zu haben. Das Entscheidende hierbei *ist, dass Sie gegenseitig überprüfen, wie gut Sie einander zuhören und wie gut Sie verstehen das Gesagte zu wiederholen bzw. zu interpretieren.*

Es ist die Aufgabe des Zuhörenden, sich bei dieser Übung so auf den anderen einzustellen, dass dieser sich verstanden fühlt.

Tipp:

- o *Lernen Sie Fragetechniken um die Beweggründe und Motivation ihres Gesprächspartners zu erfahren*
- o *Üben Sie aktives Zuhören!*
- o *Lesen Sie Biographien von bekannten Persönlichkeiten. Damit werden Ihnen Lebenswege und Entscheidungsgrundlagen aufgezeigt. Sie lernen verschiedenste Weltbilder und Lebensmodelle kennen.*

Leider wird bei vielen Führungskräften die Empathie nicht gepflegt, da diese Aufgrund ihrer hierarchischen Stellung meinen, darauf verzichten zu können. Die legitimierte Macht als Führungskraft wird in einer befehlshaften Form umgesetzt, aus

Angst als „einfühlsam" zu gelten. Dabei wären der Erfolg und die Zufriedenheit in vielen Firmen/Abteilungen durch die Motivation und Leistungsbereitschaft von Mitarbeitern größer, wenn die Empathie auch als Teil von Führungsinstrumenten angewandt würde.

Nutzen, trainieren und pflegen Sie als Berufseinsteiger ihre Empathie, um von Beginn an als respektierter und sympathischer Mensch zu gelten.

Kommunikation

Kommunikationsfähigkeit bedeutet sich verständlich und nachvollziehbar auszudrücken. Also Ihr Wille sich auszutauschen, Dinge zu erklären und Wissen weiterzugeben. Im Kern geht es um Rhetorik.

Rhetorik ist die Fähigkeit frei und strukturiert zu sprechen. Die Aspekte Mimik und Körpersprache, als Teil der Rhetorik werden später in diesem Buch behandelt.

Rhetorik und damit Informationsaustausch ist wichtig, um den Wunsch nach Sicherheit und sozialen Bedürfnissen zu befriedigen.

Durch Kontakt und Kommunikation werden Wertgefühle vermittelt.

Ihr Selbstwert und Ihre Selbstachtung werden durch positive Rückmeldung, im Rahmen der Kommunikation mit anderen bestätigt.

In der rhetorischen Kommunikation unterscheidet man zwischen Gespräch, persönlichem Gespräch, Sachgespräch, Klärungsgespräch, Streitgespräch, Kampfgespräch und einer Rede.

Rhetorische Kommunikation bedeutet außerdem einen Bericht geben, einen Fachvortrag halten, ein Referat oder eine Überzeugungsrede zu halten.

All diese unterschiedlichen Arten von rhetorischer Kommunikation funktionieren nach bestimmten Regeln. Wenn Sie diese kennen und anwenden, werden Sie erfolgreich kommunizieren.

Tipps(Regeln) für die gute Kommunikation:

o *Aktivieren Sie Ihren Wortschatz. Verwenden Sie Synonyme, nichts ist schlimmer als Wiederholungen.*

o *Formulieren Sie in kurzen Sätzen. Sie haben es nicht nötig, mit Schachtelsätzen und komplizierten Konstruktionen Eindruck zu schinden.*

o *Vermeiden Sie zu viele Fremdworte und Fachausdrücke. Sprache soll Klarheit im Denken und Handeln transportieren. Wer von sich selbst überzeugt ist, der braucht keine sprachlichen Spielereien.*

o *Schwächen Sie Ihre Aussage nicht mit Weichmachern(Ich möchte, ich glaube, vielleicht, eigentlich . . .).*

o *Nehmen Sie Lob und Komplimente einfach an. „Danke, das freut mich" kombiniert mit einem Lächeln wirkt viel sympathischer als Tiefstapeln wie „Ach nein, so toll ist das doch gar nicht".*

o *Sagen Sie, was Sie denken und stehen Sie dazu. Schieben Sie nicht andere vor. („Frau Müller meint auch, dass wir.. .").*

Folgende Übungen helfen Ihnen frei zu sprechen und Dinge auf den Punkt zu bringen.

- o *Lesen Sie laut und deutlich Texte.*
- o *Wiederholen Sie gelesene Texte mit Ihrem Worten.*
- o *Fassen Sie Artikel kurz zusammen -
  mit eigenen Worten, um die Erfassung des Sinns und seine Interpretation zu üben.*
- o *schärfen sie den Blick für das Wesentliche.*
- o *haben Sie den Mut Teile wegzulassen.*
- o *Greifen Sie einen Satz aus einem Artikel und erläutern Sie die Aussage in einer 2 Minuten Rede.*

Sie üben so nicht nur Ihre Kommunikationsfähigkeit, sondern aktivieren auch Ihre Fantasie und Ihren Wortschatz.

Tipp:

- o *Besuchen Sie alle 2-3 Jahre ein Rhetorik-Seminar*

Konfliktbewältigung

Konflikte sind Bestandteil jedes Miteinanders. Diese Akzeptanz ist die Voraussetzung um die Fähigkeit zu erlangen, Konflikte zu erkennen, zu analysieren und zur Lösung beizutragen.

Grundsätzlich ist in jeder Organisation die Konfliktlösung eine Chance zur Verbesserung des Miteinanders. Man charakterisiert die Konflikte in zwei Gruppen:

1. Beziehungsprobleme

Beispielhaft die häufigsten Verhaltensweisen, die zu Beziehungsproblemen führen und ein Miteinander auf Dauer schwierig machen.

- Abwertung und Missachtung: Dies äußert sich darin, dass kritisiert, ständig in wunden Punkten gebohrt oder auf Bedürfnisse nicht Rücksicht genommen wird.
- Erfahrungen werden nicht mitgeteilt: Die Folge davon ist, dass Aufgaben nicht verstanden und somit auch nicht gelöst bzw. erledigt werden können.

o Nicht-Einhaltung von Absprachen: Es werden Versprechungen nicht eingehalten. Das Vertrauen geht verloren.

2. Sachprobleme

o Zeitplanverzögerungen: Vereinbarte Termine werden nicht eingehalten, da Arbeiten nicht rechtzeitig fertig sind.

o Qualitätsprobleme: Die Ergebnisse sind nicht genau genug bzw. entsprechen nicht den Vorgaben.

o Ressourcen: Geräte funktionieren nicht oder Zuarbeiten/Unterlagen fehlen noch.

Folgende Abläufe erleichtern die Konfliktauflösung:

Führen Sie zuerst eine Selbstanalyse durch:

o Habe ich ein Problem?

o Liegt die Lösung bei mir?

o Betrifft es mich als Person oder meine Tätigkeit?

 Danach sollten diese „Ich-Botschaften" dem Konfliktpartner mitgeteilt werden. Sie vermeiden damit einen „Du-Angriff" und die Chance der sachlichen Aufarbeitung ist gegeben.

Das sollten Sie beim Konfliktgespräch beachten:

o *Beide Parteien müssen an einer Konflikt-lösung interessiert sein.*
  Wenn Sie über das Problem sprechen – um vor anderen nicht als „sturer Bock" zu gelten – aber von vornherein nicht an einer Lösung interessiert sind.

o *Jeder stellt seinen Standpunkt dar.*
  Das ist wichtig. Sie sollen Ihren Standpunkt darstellen, ohne dass Sie unterbrochen werden. Das gleiche Recht steht auch der anderen Seite zu. Schon allein das Ausredenlassen verringert die Distanz zueinander.

o *Gemeinsamkeiten überlegen.*
  Haben alle Ihre Standpunkte dargelegt, gilt es, Gemeinsamkeiten festzustellen.

Der kleinste gemeinsame Nenner ist ein Anfang.

o *Fair bleiben.*
Für alle gilt der Grundsatz: niveauvoll und fair streiten, ohne dass jemand das Gesicht verliert. Niemals Argumente „unter der Gürtellinie" anbringen.

o *Kompromisse eingehen.*
Keine Konfliktlösung ohne Kompromisse. Das muss Ihnen bewusst sein!

o *Jeder unterbreitet Lösungsvorschläge.*
Gemeinsam nach Lösungsvorschlägen suchen und den nächsten Schritt vereinbaren.

Oft ist es hilfreich, wenn eine dritte unparteiische Person am Gespräch teilnimmt und diese dafür sorgt, dass die aufgelisteten Tipps berücksichtigt werden.

Denken Sie daran, Ihre Aufgaben und Ziele weiter zu erledigen, selbst wenn eine Lösung von Problemen noch nicht erfolgt ist!

Tipp:

- *Konflikte selbst erkennen.*
- *eigene Interessen und die des anderen erkennen.*
- *Missverständnisse erwarten und korrigieren.*
- *Zielorientiert handeln, nicht herumstreiten.*
- *Einigung auf "Nichteinigung" ist auch möglich.*
- *Hierarchie berücksichtigen, sie ist manchmal wichtiger als die Sache.*
- *positives Denken kann Berge versetzen.*

Kritikfähigkeit

Umgang mit Kritik gehört zu den schwierigsten Aufgaben im zwischenmenschlichen Bereich. Wer wird schon gerne auf Fehler hingewiesen?

Jedes Feedback(Kritik ist fälschlicherweise häufig sehr negativ besetzt) sachlich, ruhig und emotional distanziert anzunehmen ist sehr schwer. Das Hauptproblem liegt in der Emotion, die Kritik in uns al-  len auslöst. In den meisten Fällen beginnt man sich zu entschuldigen, zu rechtfertigen oder Gründe zu suchen, warum man nicht Schuld ist.

Auch die andere Seite gehört dazu. Konstruktives, sachliches Feedback zu geben und dabei zwischen Person und Sache zu trennen ist erlernbar.

In jedem Fall ist aufmerksames Zuhören und die Konkretisierung der Sache, durch Nachfrage oder Erklärung nötig. Emotionen sollten möglichst unterbleiben, um den Kern des Problems zu finden. Hilfreich kann es da sein, sich vor Augen zu halten, dass der Ursprung der Kritik etwas Positives ist. Wenn jemand Kritik äußert, dann tut er das, weil er die Hoffnung hat, sein Gegenüber könnte sich ändern. Hätte er die Hoffnung nicht, würde er sich die Mühe sparen. Kritik kann man also durchaus auch als Zeichen der Wertschätzung auffassen.

Der Trick: Betrachten Sie Kritik als Chance, ihr Verhalten oder Ihre Arbeit zu verbessern.

Fordern Sie bei Kritik - berechtigt oder unberechtigt - eine genaue Erklärung. Konstruktive Kritik ist immer gut und hilft Ihnen im beruflichen Leben erfolgreicher zu sein.

Wer auf Fehler hingewiesen wird, kann sie erkennen und beheben bzw. beim nächsten Mal vermeiden.

Tipp:

Feedback(Kritik) entgegen nehmen:

- o *Gut zuhören, wenn jemand Kritik äußert.*
- o *Erst einmal tief ein- und wieder ausatmen und in Gedanken bis 10 zählen.*
- o *Ihrem Gegenüber nicht ins Wort fallen.*
- o *Auch nicht, wenn Sie zu Unrecht oder in einem falschen Ton kritisiert werden.*
- o *Fordern Sie eine genaue Erklärung.*
- o *Versuchen Sie, sich auf die Lösung der Situation zu konzentrieren.*
- o *Fragen Sie nach Lösungsvorschlägen.*
- o *Machen Sie Verbesserungsvorschläge.*

- ○ *Falls die Kritik unberechtigt ist, machen Sie Ihren Standpunkt ruhig und bestimmt deutlich.*

Feedback geben:

- ○ *Kritisieren Sie Ihren Gesprächspartner nicht in Gegenwart Dritter.*
- ○ *Wählen Sie eine günstige Zeit. Achten Sie darauf, dass der Kritisierte nicht in Zeitnot ist.*
- ○ *Fassen Sie sich kurz. Erklären Sie sich klar und deutlich.*
- ○ *Verwenden Sie Ich-Botschaften(- siehe Konfliktbewältigung) Dadurch fühlt sich der Andere nicht angegriffen und ist offener für eine Lösung.*
- ○ *Beschränken Sie sich in Ihrem Feedback auf Fakten und auf konkrete Situationen.*
- ○ *Suchen Sie gemeinsam nach einer Lösung und bieten Sie einen Kompromiss an.*
- ○ *Mischen Sie die Kritikpunkte auch mit positiven Hervorhebungen.*

Menschenkenntnis

Menschenkenntnis ist die Fähigkeit, Reaktionen und Charaktereigenschaften von Personen oder Gruppen vorherzusagen.

Die Wissenschaft beschäftigt sich seit langem mit diesem Thema. Es wurde eine Vielzahl von Kategorien/Cluster definiert, in die man Typen oder Gruppen einsortiert. Die Wirklichkeit zeigt, dass diese Einordnung niemals dem einzelnen Individuum gerecht wird.

Eine Klassifizierung von Menschen ist immer nur eine von mehreren Möglichkeiten, je nach Betrachtungsweise und angesetzten Kriterien.

Die Wissenschaft hilft uns also nur bedingt weiter. Das Kriterium Lebenserfahrung ist in jungen Jahren noch nicht gegeben. Dennoch ist es möglich seine Menschenkenntnis zu trainieren.

Zuerst ändern wir die Begrifflichkeit von Menschenkenntnis in

Menschen - „Wahrnehmen und Einschätzen"!

Diese Wahrnehmungen sollten ohne Vorurteil und Klischee geschehen! Wenn Sie jetzt eine Interpretation formulieren, sind Sie auf dem richtigen Weg.

Aus einem Märchen kennen wir die Fragen nach den großen Ohren, der großen Augen, der Hände und dem großen Maul nur zu gut. Die Wahrnehmung funktionierte hervorragend, die Interpretation leider nicht!

Die folgenden Effekte sollen Sie für das Thema sensibilisieren.

Pars pro toto Effekt/Stereotype: Im Sinne von Stereotypen, weisen wir ganzen Personengruppen bestimmte Eigenschaften zu. Programmierer sind nicht sozial kompetent und trinken den ganzen Tag Kaffee, Vertriebler und Verkäufer sind oberflächlich freundlich, Beamte sind bequem und faul und Friseurinnen sind laut Klischee eher bildungsarm.

Primacy- und Recency-Effekt: Ist es der erste (primacy) oder der letzte (recency) Eindruck, der unsere Urteile über Personen am meisten beeinflusst? Wenn Ihnen eine Personenbeschreibung mit einer Reihenfolge von Eigenschaften = „Intelligent, fleißig, impulsiv, kritisch, neidisch" oder die umgedrehte Reihenfolge = „Neidisch, kritisch, impulsiv, fleißig, intelligent" vorgelegt wird, fällt die Personenbeurteilung der ersten Liste um etliches positiver aus, als die der zweiten Liste! Diese Untersuchung spricht eindeutig dafür, dass zuerst erhaltene Informationen unser Urteil unverhältnismäßig stark beeinflussen - es tritt der primacy Effekt auf.

Halo-Effekt: Ein besonderes Merkmal (oder eine besondere Fähigkeit) überstrahlt andere Merkmale. Sie blenden den Beurteiler, so dass er nicht zu einer differenzierten Beurteilung in der Lage ist. "Übergewichtige" Personen werden schnell als "gutmütig" eingeschätzt, obwohl beide Persönlichkeitsmerkmale wahrscheinlich nichts miteinander zu tun haben. Auch ein typisches Beispiel für einen Halo-Effekt wäre, wenn ein Schüler in den zentralen Fächer, wie Mathe, Deutsch, Englisch gut ist, die den Gesamteindruck bestimmen. Ist er hier gut, gilt er als guter Schüler.

Schwächere Leistungen in vielen anderen Fächern werden dann einfach weniger beachtet.

Vornamen-Effekt: Wissenschaftler haben nachgewiesen, dass Vornamen einen Einfluss darauf haben, wie sich Menschen beim ersten Kontakt einschätzen. Wenn man Menschen kennenlernt, spielt zwar zuerst das Aussehen eine Rolle, aber eben auch, wie dieser Mensch heißt, denn das ist meist die erste direkte persönliche Information. Dieser erste Eindruck hat in der Folge einen Effekt darauf, wie weitere Informationen über diesen Menschen verarbeitet werden. Wenn jemand einen seltsamen Namen trägt, verbindet man damit auch unwillkürlich eine seltsame Persönlichkeit. Namen haben in den neuen Medien einen noch höheren Stellenwert, da hier der direkte persönliche Eindruck wegfällt und der Name zunächst das einzig Persönliche darstellt, das z.B. in einer Email daherkommt. Insbesondere altmodische Namen können negative Assoziationen in Hinblick auf die Attraktivität und Intelligenz hervorrufen, was zu negativen Auswirkungen führen kann.

Tipp:

- *Prüfen Sie, ob Ihre Meinung unbeeinflusst von Effekten ist.*
- *Hinterfragen Sie Ihren ersten Eindruck.*
- *Lassen Sie einen zweiten Eindruck zu.*
- *Es verraten meist kleine Signale, wie ein Mensch tatsächlich ist.*
- *Wer Menschen "durchschauen" will, muss seine Wahrnehmungsfähigkeit trainieren und damit entwickeln.*
- *Denken Sie an die Neue(n) in der Klasse, die Freaks oder Divas, die letztlich doch ganz cool waren.*

Motivation

Wenn Ihre Motivation spürbar ist, werden Sie als „positiv", „optimistisch", „charismatisch" oder „zielorientiert" wahrgenommen. Beste Voraussetzungen für eine Karriere!

Man unterscheidet bei der Motivation in Eigen- und Fremdmotivierung.

Selbstmotivierung bedeutet sich und seine Gefühle zu kennen, um mit Selbstbeeinflussung aus Motivationslöchern zu finden. Dies ist mit folgenden Maßnahmen möglich:

Tipp:

- o *Relation vom Problem zum Ganzen setzen.*
- o *Jahresziele definieren.*
- o *Berufliche Ziele definieren.*
- o *Private Ziele definieren.*
- o *Zielerreichung durch Teilschritte(z.B. Monatsziel, Wochenziel, Tagesziel)erleichtern.*
- o *Erreichte Teilschritte feiern.*

Verwenden Sie nie das Wort scheitern!

Scheitern heißt, man hat aufgegeben!

Sie haben Ihr Ziel noch nicht erreicht und versuchen es weiter zu erreichen!

Fremdmotivation setzt die Bereitschaft und Annahme von Leitbildern und Werten voraus. Wenn Sie spüren, dass Ihnen Verständnis und Respekt für Ihre Wünsche und Sorgen entgegengebracht wird, ist dies selbstverständlich.

Im Idealfall funktioniert die Fremdmotivation im Beruf durch zugeteilte Aufgaben, die weder über- noch unterfordern. Die Fähigkeiten und Ressourcen werden berücksichtigt und eine Herausforderung ist gegeben, an  der man wachsen und sich weiter entwickeln kann.

Als Berufseinsteiger sind diese Aufgaben in einem Ausbildungsplan festgeschrieben, gehören aber gelebt und umgesetzt.

Denken Sie daran, durch entsprechende Motivation und Einsatz können Standards übertroffen und Ziele früher erreicht werden. Eigenverantwortliches Handeln und selbstständiges Umsetzen von Aufgaben kann/muss man sich erarbeiten.

Nach der Ausbildung sollten Sie Ihren beruflichen Rahmen, nämlich Aufgaben und Ziele mit Ihren Vorgesetzten regelmäßig abstimmen! Auch notwendige Erfahrungen und Wissenserweiterung durch Schulungen und/oder Lehrgänge gehören geplant, um durch wachsende Verantwortung motiviert und erfolgreich zu bleiben.

> *Aus dem Spitzensport wissen wir, kein Ziel ist ohne Training erreichbar*
> *= Motivation zum Lernen*

Team(Gruppen)fähigkeit

Die Gruppenfähigkeit zeigt Ihren Willen und Ihre Bereitschaft mit anderen zu interagieren. Gemeinsam Ziele zu erreichen, durch schnelle Eingliederung in eine Gruppe / Abteilung oder Firma.

Das Verständnis von Teamfähigkeit oder Teamgeist ist von Unternehmen zu Unternehmen sehr unterschiedlich. Neben der Arbeit auch viele Freizeitaktivitäten zu teilen ist die extremste Form von Teamgedanken. Da dies noch sehr selten der Fall ist, sprechen wir von der Fähigkeit während der Arbeitszeit mit anderen auszukommen, unterschiedlichste Meinungen gelten zu lassen und sich in eine Gruppe zu integrieren.

Gemeinsam aufgabenorientiert zu handeln ist das Ziel. Hier geht es nicht um die eigene Persönlichkeit, sondern um konstruktive Lösungen unter  Einsatz der jeweiligen Stärke des Einzelnen.

Genau diese individuelle Stärke kann die Aufgabe und Tätigkeiten, je nach Anforderung verändern.

Erinnern Sie sich an Ihren Sportunterricht. Bei Mannschaftssportarten wie Volleyball oder Handball sind für jede Position klare Aufgaben definiert.

Nur durch einen Wechsel der Position übernehmen sie andere Aufgaben. Bleiben wir beim Beispiel Volleyball. Durch die Rotation nach jedem Aufschlag, nehmen sie abwechselnd die Position Blocker, Hitter oder Libero ein. Im Handball nehmen Sie das ganze Spiel über, ein und dieselbe Position ein. Erfolgreich ist eine Mannschaft, wenn jeder seine jeweilige Aufgabe erfüllt.

Im Beruf sind die Verantwortung und Tätigkeiten genauso festgelegt. Auch hier bedeutet Erfolg, dass jeder seine Aufgabe kennt und erfüllt.

> Gruppenarbeit/Teamarbeit ist Zusammenarbeit!
> Jeder kennt seine aktuelle Position!

Tipp:

- o *Akzeptieren Sie Ihre Position.*
- o *Verinnerlichen Sie Ihre Aufgaben.*
- o *Erledigen Sie Ihre Aufgaben vorbildlich*
- o *Unterstützen Sie Kollegen*
- o *Qualifizieren Sie sich für neue Aufgaben durch Fortbildung*

„Beziehungen schaden nur dem, der keine hat"

Wer Karriere machen will braucht Beziehungen. Diese Networking-Kompetenz ist in allen Bereichen notwendig. Laut aktueller Studien entstehen über 60% des beruflichen Erfolges durch Beziehungen.

Schnelle und wertvolle Informationen oder Hilfe bei Problemstellungen sind über das richtige Beziehungsnetzwerk möglich.

Dieser Informationsvorsprung erhöht die Wahrscheinlichkeit Ihres beruflichen Erfolges im Sinne von selbständiger Arbeiten, mehr Verantwortung und Karriere.

Einfaches Beispiel: Fragen Sie bei einem Bedarf nach einem Handwerker oder Steuerberater nicht auch erst in Ihrer Umgebung, um eine entsprechenden Empfehlung zu erhalten, bevor Sie im Internet recherchieren?

Die Beziehung oder die Empfehlung entscheidet also über den Auftrag oder den Mandanten! – dies funktioniert auch bei der Stellenbesetzung in der freien Wirtschaft.

Wenn Sie also erfolgreich sein, bzw. Karriere machen wollen, sollten Sie ein Netzwerk aufbauen. Dies kann im ersten Schritt innerhalb des eigenen Unternehmens beginnen und erweitert sich über z.B. Bildungseinrichtungen früher oder später über alle Grenzen hinweg.

Tipp:

- o *Jeder Kontakt ist eine Chance.*
- o *Nutzen Sie Kontaktdatenbanken (beruflich! z.B. xing; linkedin).*
- o *Vorsicht mit Privatem(z.B. facebook).*
- o *Werden Sie Mitglied in Berufsverbänden.*
- o *Besuchen Sie Fach-Messen und sammeln Sie Kontakte.*
- o *Tauschen Sie bei Fortbildungen und Seminaren Teilnehmerdaten aus.*

Die persönliche bzw. personale Kompetenz betrifft den Umgang mit sich selbst. Hier geht es um die Themen Selbstbeobachtung und Selbstdisziplin. Insbesondere Ihre Arbeitstechniken sollten Sie selbst beobachten und beurteilen.

Die Fragen lauten:

Wie kann ich produktiver, effektiver und wirksamer werden?

Wie Struktur, Systematik und Ordnung in die eigene Arbeit bringen und dennoch flexibel bleiben!

Jeder Heimwerker kennt das: Mit einem gut bestückten Werkzeugkasten lassen sich fast alle Aufgaben professionell bewältigen. Wenn das Werkzeug hochwertig ist, benötigt man nur noch das Know-how, es für die entsprechenden Aufgaben anzuwenden.

Dasselbe gilt für alle Büroarbeiten. Auch hier gibt es eine Reihe von praktischen Hilfsmitteln, die die

Arbeit erleichtern und verbessern. Für die unter-
schiedlichsten Anwendungsbereiche gibt es in-
 zwischen eine Vielzahl von
Instrumenten. Wie jeder
Handwerker, muss sich
auch ein Büroarbeiter sei-
nen Arbeitsplatz so bestücken, dass er seine Aufgaben effektiv und effizient bewältigt.

Mit ein paar Regeln, Werkzeugen und Arbeitspla-
nung, Ablaufplanung, Terminplanung und Syste-
men zur Ablage geht die tägliche Arbeit viel einfacher und schneller von der Hand.

Nicht jeder versteht unter Ordnung einen pingelig
leeren Arbeitsplatz.

Ordnung funktioniert nur, wenn die persönlichen
Vorstellungen berücksichtigt werden.

Tipps für Ordnung:

- o *Den Arbeitsplatz komplett leeren und beim
  Abräumen bereits vorsortieren: wegwer-
  fen, erledigen, delegieren, ablegen, Hilfs-
  mittel beschaffen usw.*
- o *Auf dem Arbeitsplatz Themeninseln schaf-
  fen.*

- *Evtl. Posteingangskorb platzieren und allen Kollegen sagen, dass nur das bearbeitet wird, was in diesem Korb liegt.*
- *Auf den Arbeitsplatz gehören maximal drei laufende Projekte – alles andere liegt griffbereit im Regal. Stapel vermeiden!*
- *Posteingangsregel: Was in wenigen Minuten erledigt werden kann, machen Sie sofort.*
- *Frage: Muss ich das sofort erledigen? Wenn nein, terminieren!*
- *Per Outlook oder Kalender terminieren. So wird nichts vergessen.*
- *Auf dem Arbeitsplatz darf auch Raum für persönliche Dinge sein. Allerdings muss Ihnen klar sein, welchen Eindruck Sie bei Ihren Kollegen mit Fotos oder Gadgets vermitteln.*

Effektives Arbeitsmanagement hat viele Vorteile: Mehr Übersicht über anstehende Arbeiten, mehr Freiraum für Kreativität, Stressabbau und Stressvermeidung und damit eine bessere Work-Life-Balance.

Der „Kern" der Unternehmenskultur ist die Unternehmensgeschichte, der Unternehmenszweck und die Werte, Normen und das Erscheinungsbild die eine Firma pflegen möchte. Diese Einstellungen werden definiert. Natürlich soll damit auch ein bestimmtes Image gepflegt werden,

Auch die Kommunikation nach innen und außen, sowie das Verhalten der Mitarbeiter sind Themen der Unternehmenskultur.

Diese teilt sich in Unternehmenswerte und Unternehmensvision.

Unternehmensvision...

- o beantwortet die Frage „Wohin will sich das Unternehmen entwickeln"!
- o definiert wofür das Unternehmen steht.
- o ist Kompass und Antriebsquelle.

- o zeichnet einen Wunschbild für die Menschen/Mitarbeiter im Unternehmen und außerhalb des Unternehmens.
- o ist richtungsweisend.

Unternehmenswerte…

- o sind Grundlagen der täglichen Arbeiten.
- o beschreiben den Umgang der Mitarbeiter untereinander.
- o geben Richtlinien und Leitsätze für das tägliche Handeln am Markt.
- o definieren den Umgang zu Kunden, Lieferanten und Partnern

Dies bedeutet die Grundgesamtheit gemeinsamer Werte, Normen und Einstellungen, welche die Entscheidungen, die Handlungen und das Verhalten der Firmenmitglieder prägen.

Die dazugehörige Organisationskultur wirkt auf alle Bereiche des Managements (Entscheidungsfindung, Führung, Beziehungen zu Kollegen, Kunden und Lieferanten, Kommunikation usw.).

Die Organisations-
kultur erlaubt es al-
len Firmenzugehö-
rigen, Ziele besser
verwirklichen zu
können. Außenste-
hende können

durch diese Kenntnis die Organisation besser ver-
stehen. (Beispiel: Welche Abteilung ist für diese
Entscheidungen zuständig und in welcher Hierar-
chiestufe steht der Entscheider)

Im Idealfall sind die Firmenvision und - werte sowie die Organisationsstruktur schriftlich fixiert.

Tipp:

- *Besorgen Sie sich die Unternehmensvision und – Werte.*
- *Lernen Sie die Organisationsstruktur.*
- *Kennen und erklären bzw. interpretieren Sie alles.*
- *Identifizieren Sie sich mit dem Unternehmen.*
- *Tragen Sie Ihren Firmen-Pin*

Auftritt

Manchmal drehen sich alle Anwesenden um, wenn eine Person den Raum betritt. Woran liegt das?

Möglicherweise ist die Körperhaltung besonders selbstsicher, der Gang außergewöhnlich, die Kleidung besonders auserlesen, oder das Lächeln in den Raum wirkt besonders gewinnend.

Wer sicher und gerade steht, strahlt Selbstsicherheit aus.

Dagegen wirkt eine Person mit hängenden Schultern traurig oder erschöpft. Zeigt die Körperhaltung ein Zusammensinken des Oberkörpers, signalisiert dies Verschlossenheit oder Angst, während eine offene Körperhaltung den Eindruck von Furchtlosigkeit und Selbstbewusstsein transportiert.

Auch der Gang lässt Rückschlüsse über das emotionale Befinden zu.

Ist der Gang leicht, federnd und sicher, so ist zu vermuten, dass die Person in positiver Stimmung ist.

Ein zögerlicher oder schleppender Schritt lässt dagegen auf Vorsicht oder Ängstlichkeit der Person schließen.

Ein zügiges in den Raum treten, zeigt Selbstsicherheit und Dynamik.

Zaghaftes Anschleichen ist zu vermeiden, sowie das unvorbereitete Hineinplatzen in fremde Räume.

Tipp:

- o *Beim Eintritt in das Büro des Vorgesetzten (oder Kunden) sollten Sie kurz an der offenen Tür stehen bleiben und klopfen.*
- o *Nach einem Schritt in den Raum hinein, nehmen Sie Blickkontakt mit dem Anwesenden auf, das zeigt dem Gegenüber Respekt.*
- o *Erst auf eine Aufforderung hin treten Sie näher und setzen sich auf den angebotenen Platz(sonst bleiben sie stehen).*

Sprechweise

Die Sprechweise verrät viel über den Charakter eines Menschen. Dazu gehören die Lautstärke, das Sprechtempo und die stimmliche Gestaltung.

Eine kräftige, laute Stimme zeugt von Selbstbewusstsein und Optimismus. Wird es jedoch zu laut, lässt das auf Unbeherrschtheit und Geltungssucht schließen.

Eine leise, aber klar akzentuierte Stimme kann beruhigend wirken und große Sachlichkeit vermitteln. Ist die Stimme zu leise, oder haucht der Sprecher nur, ist dies eher ein Zeichen von Schwäche und mangelndem Selbstbewusstsein.

Ein schnelles Sprechtempo verrät Impulsivität, Lebensfreude und Temperament. Ist das Tempo jedoch zu hoch, verbirgt sich dahinter entweder Unsicherheit, Ignoranz oder gar Desinteresse.

Ein langsames Sprechtempo suggeriert Besonnenheit und das ernsthafte Anliegen, sich dem Zuhörer verständlich zu machen. Ein zu langsames Sprechen bringt Ihnen keinen Pluspunkt ein. Es wird unbewusst als Zeichen von Antriebsschwäche gedeutet.

Ein häufig wechselndes Sprechtempo wirkt unausgeglichen.

Betonungen und Pausen vermitteln Lebhaftigkeit und Interesse am Thema. Es steht für Überzeugtheit, Disziplin, Selbstbewusstsein und Rücksichtnahme auf den anderen.

Zu Ihrer Person passt sicher nur eine der vielen Möglichkeiten. Welche Sprechweise auf Sie zutrifft und wie Sie diese trainieren/verbessern können, wird in Rhetorikkursen geübt.

Tipp:

- o *Nehmen Sie Ihre Stimme auf Band und bilden Sie sich eine eigene Meinung.*
- o *Holen Sie sich Feedback im Bekanntenkreis.*
- o *Siehe Tipps unter dem Punkt Kommunikation.*

Körpersprache

Gestik, Mimik und Geruch ist die Kommunikation der Sinne.

Ein bewusster Umgang mit Körpersprache bietet beruflich zahlreiche Vorteile. Die eigene Körpersprache hilft, den "Auftritt" bei Kollegen und Vorgesetzen erfolgreich zu gestalten. Auf der anderen Seite ist es ungemein nützlich, wenn Sie körperliche Signale von Mitarbeitern, Kunden oder Vorgesetzten richtig interpretieren. Denn so können Sie Situationen besser einschätzen und passend reagieren.

Die nonverbalen Signale prägen das Bild, das jemand von einer Person bekommen soll.

<u>Sympathie erzeugt man am einfachsten durch eine offene Körperhaltung und ein Lächeln.</u>

Das Gegenteil ist auch möglich: Der Volksmund spricht zum Beispiel von vernichtenden Blicken und mancher meint, dass Blicke sogar töten können.

Unsere Augen sprechen ihre eigene Sprache und gelten als Spiegel und Ausdruck unserer Seele. Blicke können lächeln, Freude ausstrahlen, zustimmen, fragen aber auch zweifelnd oder stark ablehnend wirken. Mitunter sollen sie den anderen treffen oder auch verletzen.

Die Siegerpose mit der hoch gestreckten Faust, der gehobene Daumen als Signal der Zustimmung, erhobene Hände als Zeichen der Friedfertigkeit – alles das sind allgemein gültige Gesten.

Während wir kommunizieren, setzten wir unsere Hände noch viel stärker ein und begleiten und unterstützen unsere verbale Rede.

Grundsätzlich werden sichtbare Handpositionen positiv vom Gegenüber aufgenommen. Die Hände sollen sich immer offen vor oder neben dem Körper befinden.

Die Hand in der Hosentasche wird als negativ empfunden.

So werden Gesten interpretiert:

o *Finger an die Nase legen ist ein Zeichen der Konzentration oder für Bedenken*

- *Getrommel mit den Fingern bedeutet Ungeduld oder Nervosität*
- *Gefaltete Hände zeigen deutliche Überlegenheit*
- *Hand vor den Mund halten zeigt Unsicherheit in der Sache*
- *Händereiben suggeriert Selbstzufriedenheit*
- *Hände über den Kopf legen und dabei Zurücklehnen zeigt grenzenlose Souveränität*
- *Herumspielen mit Fingern lässt auf Desinteresse oder Nervosität schließen*
- *Kopf auf die Hände stützen steht für Erschöpfung oder Langeweile*
- *Kratzen am Kopf ist ein Zeichen von Ratlosigkeit*
- *Reiben des Kinns steht für Zufriedenheit*
- *Zum Spitzdach geformte Hände signalisiert Abwehr gegen Einwände*

Die Nase ist ein empfindliches Sinnesorgan.

<u>Gute Gerüche lösen im Gehirn positive Reaktionen, wie Wohlbefinden und Vertrauen aus.</u>

Denken Sie an den Geruch von frisch gebackenen Kuchen, haben Sie nicht sofort das Bild von Oma oder Tante vor Augen?

Nehmen wir aber einen Geruch wahr, der unangenehm ist, rümpfen wir die Nase. Genauso verhält es sich mit dem Körpergeruch eines anderen Menschen. Biochemische Vorgänge entscheiden über die Anziehungskraft. Diese Vorgänge sind jedoch beeinflussbar, positiv wie negativ.

o   Ein zu starkes Parfüm oder After Shave wirkt aufdringlich.

o   Schweißgeruch suggeriert Angst oder Nachlässigkeit.

Die natürliche Reaktion in beiden Fällen ist Abstandhalten, beziehungsweise das gänzliche Vermeiden des Kontaktes.

Ein angenehmer, dezenter Duft erzeugt in der Regel ein Wohlgefühl und Sympathie.

Tipp:

o   *Lächeln Sie!*

o   *Suchen Sie Blickkontakt!*

o   *Offene Handhaltung.*

- ○ *Parfum/Duft niemals aufdringlich verwenden*
- ○ *Im Zweifel unparfümierte Körperpflegeprodukte*
- ○ *frisch gewaschene Wäsche*

Körperhaltung

Eine gute Körperhaltung strahlt Dynamik, Gelassenheit, Kompetenz und Selbstbewusstsein aus - und liefert somit die besten Voraussetzungen, sympathisch zu wirken.

Ein Mensch, der während des Gespräch permanent von einem Bein auf das andere tritt, oder die Hände in den Hosentaschen vergräbt, gibt seinem Gegenüber das Gefühl, nicht der gewünschte Gesprächspartner zu sein.

Die breitbeinige "lümmelnde" Sitzhaltung strahlt Überheblichkeit und Ignoranz aus.

An der vordersten Kante des Stuhles zu sitzen und die Lehne mit den Händen zu umklammern, wirkt gehetzt und nervös, als sei man auf dem Sprung. Ein solches Verhalten verrät einen Mangel an Selbstsicherheit und innere Unruhe.

Tipp: Nehmen Sie folgende Körperhaltung ein

- *Die ideale Körperhaltung ist aufrecht mit geraden Schultern und leicht erhobenem Kinn.*
- *Der Gang ist leicht und elastisch, die Schritte nicht zu groß oder zu klein, die Arme schwingen locker mit.*
- *Die natürlichste Körperhaltung im Stehen nehmen Sie mit hüftbreit auseinander stehenden Beinen ein.*
- *Arme locker seitlich oder die sogenannte Bauchhaltung.(Hände locker aneinander vor dem Bauchnabel)*
- *Die natürliche Sitzhaltung ist aufrecht, die Hände entspannt auf den Sitzlehnen, die Beine etwa hüftbreit auseinander, oder ein Bein locker über das andere geschlagen.*

o *Sich im Verlauf des Gespräches hin und wieder vorzulehnen, signalisiert dem Gegenüber Interesse, Aufmerksamkeit und Zuwendung.*

o *Hände immer sichtbar für den Gesprächspartner.*

Umsetzungsfähigkeit

Mit guter Umsetzungsfähigkeit können Aufträge und Aufgabenstellungen zielorientiert bewältigt und Maßnahmen praktisch in die Tat umsetzt werden.

Umsetzungsfähigkeit ist aus meiner Sicht etwas, das man entwickeln muss. Was von vorneherein vorhanden sein soll, ist das Potential dazu.

Damit wird es zweifelsohne keine Umsetzungskompetenz am Berufsbeginn geben, sondern ausschließlich Anfänger mit wenig, durchschnittlichem oder überdurchschnittlichem Potential. Doch mit den Berufsjahren und zusätzlich unterstützt durch entsprechende Weiterbildung kann das Potential ausgeschöpft und für sich persönlich genutzt werden.

Das Ziel ist Aufgabenstellungen selbstständig und eigenverantwortlich umzusetzen. Dazu müssen die notwendigen Entscheidungen getroffen oder herbeigeführt werden. Im Sonderfall müssen Sie sich sogar unaufgefordert weitere Qualifikationen aneignen.

Haben Sie keine Angst vor Fehlern oder falschen Entscheidungen. Wer nichts entscheidet macht zwar keine Fehler, entwickelt sich aber auch nicht weiter. Seien Sie nur so klug, „Wichtiges" vor dem in die Tat umsetzen, absegnen zu lassen.

Meister in der Umsetzungsfähigkeit sind Sie, wenn Sie für das eigene Handeln, Reden und Unterlassen einstehen und gegebenenfalls die Konsequenzen tragen.

Natürlich ist dies ein Ziel für die Zukunft!

Tipp:

   o   *Alles Neue als spannend betrachten.*

   o   *Das Gelernte schnell anwenden.*

o *Keine Angst vor Entscheidungen.*

o *Keine Angst vor Fehlern.*

o *Theorie in Praxis umsetzen.*

o *Praxis schriftlich festhalten.*

Verhandlungsgeschick

Sie verhandeln viele Duzend Mal am Tag - allein im privaten Umfeld. Häufig laufen diese Verhandlungen nahezu automatisch ab und werden deshalb nicht immer als solche wahrgenommen. Ein gutes Beispiel hierfür ist das Ende der Ausgehzeit oder die Übernahme von Hausarbeit. Verhandlungen im Beruf haben Sie bei Vorstellungsgesprächen oder bei der Gehaltsfrage bereits bewiesen.

Alle an einer Verhandlung Beteiligten wollen Vorteile für sich erzielen und müssen kooperativ und kompromissbereit sein. Gegenstand der Verhandlungen ist es, Vereinbarungen darüber zu erzielen, welche Vorteile der eine dem anderen für seine Kooperation bietet. Diese Vereinbarungen können mündlich oder schriftlich getroffen werden.

Es liegt in der menschlichen Natur, dass man vom anderen möglichst viel haben und möglichst wenig dafür geben möchte. Beide Verhandlungspartner versuchen, ihren Nutzen zu maximieren. Ideal ist es gemeinsame Interessen bzw. Ziele zu finden, die ein Verhandlungspartner alleine nicht realisieren kann.

Verhandlungen sind komprimierte Kommunikationsprozesse. In einem vergleichsweise kurzen Zeitraum werden die Weichen für weitere Vorgehensweisen gestellt.

Folgende 7 Schritte durchlaufen Sie bei einer Verhandlung:

    1. Vorbereitung (definieren Sie das Ziel)
    2. Gesprächstermin
    3. Formulieren Sie Ihr Ziel

4. *Beachten Sie Gegenargumente*
5. *Kompromissfindung*
6. *Treffen Sie eine Vereinbarung*
7. *Analysieren Sie das Ergebnis und lernen Sie für die Zukunft*

In der Regel gehen ab Punkt 2 die Schritte fließend ineinander über. Wenn Sie das Gefühl beschleicht, dass da noch mehr drin gewesen wäre, haben Sie zu früh einem Kompromiss zugestimmt.

Verhandlungskompetenz kann man trainieren. Es fließen dabei viele andere Kompetenzen mit ein. Kommunikation, Menschenkenntnis und Auftritt sind nur einige Beispiele. Spezielle Seminare vermitteln das nötige Rüstzeug.

Tipp:

- o *gute Vorbereitung ist notwendig!*
- o *nur wenn Sie überzeugt sind, können Sie andere überzeugen.*
- o *Rhetorik üben!*
- o *eigenen Auftritt prüfen.*
- o *Seminar besuchen.*

Präsentationsfähigkeit

Referate kennen Sie aus der Schule. Sie gaben damit eine Information weiter. In strukturierter Form erklärten Sie etwas der Klasse, was der Lehrer schon wusste. Ein Referat ist also eine Informationsvermittlung oder ein Vortrag.

Präsentation meint, sein Anliegen, eine Dienstleistung oder ein Produkt so zu präsentieren, dass man Interesse weckt, Zustimmung erhält oder eine Aktion auslöst.

Hier geht es um zwei wichtige Punkte:

<u>Zum Ersten</u>, um die Erstellung einer Präsentation. Dies kann mit Hilfe von einer Präsentationssoftware geschehen oder nur mit einem Manuskript.

Hierfür gibt es Regeln, damit Sie Ihr Publikum begeistern.

Wenn Sie Menschen ansprechen wollen, d.h. ein Ziel erreichen wollen, müssen Sie Ihre Botschaft in eine ansprechende Präsentation verpacken. Mit Hilfe von Folien, Bildern, Plakaten, Videos oder Mustern sprechen sie die Emotionen Ihrer Zuhörer an.

Denken Sie an das Sprichwort „Ein Bild sagt mehr als tausend Worte". Nutzen Sie die Möglichkeiten!

 Zweitens geht es darum, die gut vorbereitete Präsentation vorzutragen.

<u>Entscheidend sind Sie!</u>

Es braucht keine Bühne, nicht die neueste Technik oder die schönste Location, um Menschen zu bewegen. Natürlich kann all dies hilfreich sein, es ist aber nie entscheidend! Was immer zählt, sind Ihre Story und Ihr persönlicher Auftritt!

Dafür brauchen Sie Leidenschaft und eine ausdrucksstarke Gestik.

Tipp:

- o *Jede Präsentation verfolgt ein Ziel.*
- o *Definieren Sie dieses Ziel schriftlich!*

o *Ohne Ziel, verzichten Sie auf die Präsentation!*

o *Klären Sie, wer Ihnen zuhört?*

o *Immer eine Agenda präsentieren.*

o *Nie mehr als 3 (max.5) Argumente.*

o *Nach jedem Punkt zusammenfassen.*

o *Enden Sie mit einem Appell.*

o *Planen Sie eine Fragerunde im Anschluss an Ihre Präsentation.*

o *Besuchen Sie ein Seminar zum Thema!*

Theoretisches Denken

Theoretisches Denken bezeichnet Fähigkeiten zum Denken in Hypothesen, zum Erkennen von Strukturen und Synergien und zur Verbindung von Theorie und Praxis. Dazu zählen logisches, abstraktes, analytisches und mehrdimensional Denken, sowie das Denken in Zusammenhängen und Möglichkeitsformen.

Diese Dinge haben Sie in der Schule gelernt und geübt, insbesondere in Mathematik wurde flexibles und problemlösendes Denken gefördert.

Im beruflichen Umfeld geht es vor allem um rationale Entscheidungen, die die Analyse und Bewertung der Situation, sowie die Abschätzung der Folgen erfordern.

Dieses Erfahrungswissen ist eine Kombination aus theoretisches Wissen und praktischer Erfahrung.

Damit Ihr theoretisches Denken gefördert wird, sollten Sie den Sinn und das Ergebnis von neuen Situationen und Abläufen überprüfen. Zerlegen Sie das "Problem" in mehrere Schritte.

Beobachten und bewerten Sie diese neuen Vorgänge. Erst wenn sich für Sie keine schlüssige Folgerung ableiten lässt, lassen Sie sich den Ablauf erklären und begründen.

Tipp:

- o *Versuchen Sie Abläufe zu checken.*
- o *Hinterfragen Sie Neues!*
- o *Überlegen Sie Konsequenzen.*
- o *Fragen Sie nach!*

Work Life Balance

Die Thematik der Work-Life-Balance hat für jeden, je nach Lebensalter und Lebenssituation andere Schwerpunkte.

Für Sie als junge Menschen steht in der Regel der Ausgleich zum Beruf durch Freizeit und Sport im Vordergrund. Auch ein Einsatz im sozialen, kulturellen oder politischen Bereich ist denkbar.

Dieser Ausgleich ist sinnvoll um Ihre Energietanks aufzufüllen.

<u>Kreativität und voller Einsatz im Beruf beansprucht auch Phasen der Regeneration in der Freizeit.</u>

Einige Berufseinsteiger halten im Hinblick auf eine größere zeitliche Freiheit für soziales und persönliches Engagement ihren Zeiteinsatz für den Beruf bewusst in Grenzen. Die Konsequenz kann nur Verzicht auf Karriere und ein einfacher Lebensstil mit Einschränkung des persönlichen Konsums sein.

Besser planen Sie einen Balanceakt zwischen Beruf und Freizeit/Familie. Auch eine weniger strikte Trennung von Erwerbstätigkeit und Privatleben ist ein Lebensmodell und zielt vor allem darauf, die eigene Zeit sinnvoll und nützlich einzusetzen.

Ein Gleichgewicht zwischen den Lebensbereichen ist insofern ein dynamisches Gleichgewicht, als dass sich die persönlichen Lebensumstände und äußeren Bedingungen stets wandeln können.

Das Gleichgewicht im Sinne einer Work-Life-Balance ist erforderlich, um einem Burnout oder dem Gefühl krankmachender Langeweile zu entgehen.

Tipp:

- o *100% Einsatz während der Arbeitszeit*
- o *Pflegen Sie ein Hobby*
- o *Betreiben Sie Sport*
- o *Engagieren Sie sich in einem Verein*
- o *Füllen Sie Ihre Energietanks*
- o *Intensiv Arbeiten und intensiv Feiern!*

Da Sie am Anfang Ihrer beruflichen Laufbahn stehen ist Führungskompetenz noch kein notwendiges Kompetenzfeld. Lernen Sie, indem Sie beobachten wie Ihre Führungskräfte Sie und Ihre Kollegen und andere Mitarbeiter fördern, motivieren und entwickeln.

Studieren Sie diese Fähigkeit, Personen und Aufgaben ressourcenbewusst auf Ziele hin auszurichten und so zu motivieren und einzusetzen, dass Ziele erreicht werden.

Sie werden feststellen, dass eine Kombination aller in diesem Buch aufgeführten Soft Skills und entsprechendes Fachwissen, für die Aufgabe als Führungskraft notwendig sind.

Wenn Sie Ihr Fachwissen und Ihre Soft Skills in einem ständigen Prozess weiterentwickeln, werden Sie erfolgreich Ihren Beruf ausüben und sich zur Führungskraft qualifizieren.

Viel Erfolg dabei!

In der Fachbuchreihe

Pimp Your ….

erscheinen praxisorientierte, auf den Punkt gebrachte Themen für Ihre berufliche und persönliche Entwicklung.

Persönliche oder berufliche Entwicklung - Wir zeigen Ihnen den Weg!

Wir freuen uns, wenn wir Sie in einem unserer Seminare persönlich begrüßen dürfen.

Wann und wo dies möglich ist, erfahren Sie auf unserer Homepage oder Sie kontaktieren uns direkt.

www.premiumseminare.de

info@premiumseminare.de